가슴으로 나 있는 길

2010. 여름에 그린 자화상

한국작가 작품선 · 42

가슴으로 나 있는 길

박수희 제2시집

한국작가 출판부

동행

시인의 말

웃으시던 그 모습이
대낮처럼 걸려 있습니다
누워 계신 물밑이 차지는 않을까
여름 햇살 사이로
무채를 썰 듯 소나기 지나갈 때
한 점의 침묵
고무공처럼 튀어올라 꽃을 피우며
풍금을 울립니다
숲을 아는 내가 먼저 그곳에 가서
아이야, 너를 맞았어야 했는데…
미안하구나
숲으로 간 아이에게 불 밝히던 아버지
끝내
빗방울이 염주알되어 흘러내리는 칠월
봉숭아 씨앗 속으로 들어가 누우셨습니다
이제야 아버지 숨이 편안해 보입니다
삶과 죽음에 대해 새로운 의미를
부여하지 못해 늘 밖에서 서성이게 했던
내 외로웠던 시(詩)들을
가을날 울림 깊은 항아리에 꽂아 놓습니다
아버지하고 너하고 사는 그 숲에….

2010년 8월에 저자

공감대를 이루는 솜씨

김 건 중

(한국문인협회 부이사장)

첫 시집을 내고 만 3년을 넘기며 제2시집을 낸다고 했을 때 내심 놀라지 않을 수 없었다. 물론, 매년 시집을 내는 시인도 있으니 별 것 아니라고 치부할는지 모르겠으나 박수희 시인의 경우는 첫 시집과 두 번째 내는 시집의 작품성이 확연히 다르게 완성도가 높은 시를 창작하여 시집을 출간한다는 데서 놀라움을 금치 못했던 것이다.

첫 시집 〈봄밤을 마신다〉의 '첫 시집을 내며'에서 박수희 시인은 "그 여름에 나는 태어났다. 그래서인지 비를 좋아하고 즐긴다"라고 했다. 이처럼 박수희 시인은 비 같은 여성이다. 감성의 폭이 넓고 깊고 예민하다.

소낙비처럼 퍼붓는 열정이 있는가 하면 소리 없이 내리는 이슬비처럼 곱기도 하고 때론 주룩주룩 창가를 타고 내리는 궂은비 같기도 하다. 이처럼 비에 비교되는 감성을 지닌 시인이다.

박수희 시인은 등단 이전부터 각종 지역 백일장은 물론이고 경기도 여성기·예경진대회에서 최우수로 입상하며 문학적 역량과 자질을 검증받은 시인이다. 바꿔 말해 천부적인 시인의 기질을 지녔다는 의미다.

이러한 박수희 시인의 시세계는 우선 그 품성이 여리면서도 예민한 감성으로 이슬처럼 맑아 보인다. 아울러 그 감성은 시를 창작하는데 있어 고스란히 반영돼 박시인의 시를 읽는 독자에게 순수함을 심어주기도 한다.

또한 박수희 시인의 시는 시적 완성도를 높이기 위해 이런저런 시어를 끌어와 꾸민다거나 인위적인 냄새를 풍기지 않는 특징을 지니고 있다. 근래의 시들이 그 인위성으로 인해 시적 구성의 파탄과 논리적 모순에 빠지는 경우를 볼 때가 많다.

그러나 그런 함정에서 벗어나 신예 시인답지 않게 시적 상징을 자연스럽게 드러내며 독자와 공감대를 이루는 솜씨는 박수희 시인이 지니고 있는 가장 큰 장점이다.

그리고 그 공감대 속에는 박수희 시인의 감성과 생명력 있는 힘이 녹아 있어 시적 표현에 대한 아름다움을 인식하게 만들고 있다.

뿐만 아니라 시가 지니고 있는 감성, 시가 주고 있는 의미, 시로 느낄 수 있는 감정, 이 모두가 그림 전시회에서 어쩌다가 발목을 잡는 그림을 발견했을 때처럼 다가오는 반가움을 박수희 시인의 시로부터 만나게 되는 것도 바로 앞서 말한 그런 점들 때문이다.

이런 감성 있는 시인이 좋은 시를 독자에게 선보인다는 것은 우리 모두의 즐거움이고 그 즐거움이 바로 사람이 살아가는 세상을 아름답게 꾸미는 일이라고 생각한다.

끝으로 박수희 시인의 두 번째 시집출간을 진심으로 축하하며 이를 계기로 더욱 좋은 시를 써서 큰 시 나무로 성장하길 기대한다.

CONTENTS

아버지의 채널

꽃잎 모으기

산다는 건 달력에 밑줄긋기

4 날개 달린 카메라

5 38, 그 가을의 일기

시작메모

아버지의 채널

아버지라는 단어는 그냥 한 가지
고유명사쯤으로 내 잠재의식 속에
한 알의 조약돌 같은 이미지로 남아 있었는데
시 세계에서 바라본 그 언어는 상상의 범위를
초월한 새로 발견한 나의 하늘이었다
사막에 뿌리내리고 견뎌내는 낙타풀
온통 가시가 돋아 있는 낙타풀을 낙타는
주린 배를 채우듯 혀를 찔러대는 가시조차
맛으로 느껴야만 했을. 그렇게 닮아가신 당신
아버지라는 채널을 돌려본다
수천 수만 개임을 알지만 그중에서도
가장 쉬운 채널 몇 개만 돌려본다.

귀천

나비춤사위로도 힘겨운
움직임이 없는 칠월 오후
만년설에 갇혔던 설움이
고요한 열기로 날아오른다

누구 하나 범접할 수 없는
정적만이 살 수 있는 공간
시원한 빗줄기는 오히려 사슬로 엮어
내 숨통을 조여오는 것이다

놓고 싶지 않은 인연에 밑줄을 긋고
가장 가벼운 몸짓으로 살기 위해
온통 날개뿐인 나비를 좇아
수도 없이 날아보았지만
되뇌이던 젊음엔 추가 달려
늘 추락하고 말았다

빛으로 따져도 수십억 년은 걸렸을
인연의 굴레를 벗는 의식이
가장 낯설고도 두렵다는 것을
가장 아프고도 슬프다는 것을
가장 어렵고도 간단하다는 것을
자연스러울 것 없는 억지로
깨닫는 무모한 순간이다.

가슴으로 나 있는 길

소리로 태어난 바람은
소리가 없다

바람이 바람을 만나거나
바람을 헤집을 때 비로소
소리가 된다

소나무가 만나 솔바람이 된 것처럼
풍경이 만나 풍경소리가 된 바람처럼
소리가 난다는 것은
누군가 바람을 만났다는 것이다

그런데 아버지는
소리도 없는 바람의 소리를 듣고
거꾸로 당겨진 시위를 따라
마른 향의 무게로 나비가 되었다

소리 없이 옷을 입는 그림자는
바람 없이 날아야 하는 날개는
눈도 입도 없는 이 빠진 칠월은
악몽처럼 달려든 대낮의 현실로 매듭을 짓고

바람 없이도 소리가 나는
가슴으로 나 있는 길을 따라 끝없이
손사래 치듯 너울대며 날고 있다.

4-1은 숲으로 간 아이

나와 여동생은
핏빛 봉숭아꽃을
곱게 찧고
남동생 막둥이
씨앗 봉오리 터트리면

어머니는
고개 돌리시며
하시는 말씀
너희들은 그 아이가
붉은 피 토한 사고현장
무섭지도 안 했니?

어머니의 눈물

아버지의 마지막 날숨이 뚝 떨어져 흐르던 날
속을 비워 오히려 가득 찬 설움은 고작
밤이슬 같은 통곡으로 조용히 내리고 당신의
식은 눈물은 강이 되어 태양을 삼킨 채
흘러갔습니다

강물을 거스르는 돛단배의 심장 같은 가슴
으로 요령을 흔들어 무덤을 만들고 삼베
한 필로 막음질하며 돌아서서 돌부처가 된
당신의 눈에선 촛농처럼 뜨거운 눈물이 흘러
가슴에 쌓이는 것을 보았습니다

결국 다시 태워야 하는 가슴으로 실마리를
찾지 못한 거미줄 같은 실꾸리가 울컥 통곡으로
뛰쳐나온 후 시작도 끝도 없는 길을
삐거덕거리는 달구지 바퀴를 따라 당신은
걷기 시작하였습니다

당신은 도대체 누구였더냐
도대체 당신은 누구였더냐
당신은 도대체 누구의 주인(남편)였더냐
도대체 당신은 누구의 부모였더냐
당신은 도대체 누구의 당신였더냐
제살 깎아 솟대로 걸린 당신은 도대체

누구란 말이었더냐
당신을 누가 그랬소
당신을 누가 보냈소
당신 왜 떠났소 왜 떠났소
당신이 아니라면 슬프지 않소
당신이 아니라면 쉽지도 않소

장독대에 무짱아찌처럼 담겨졌던 한이 강원도
아리랑 같은 가락으로 불려나와 어두
워지기 시작한 무갑산 자락을 노을빛으로
물들일 때 당신의 별빛 같은 푸른 눈물이
옷고름을 타고 치맛자락에 말간 달빛으로
고이는 것을 보았습니다.

어머니

어린 시절(12~14세)
나를 제일 속상하게 했던 사람은
다름 아닌 어머니였다

모든 일이 다 그랬다

노란 물장화에 몸베바지
수건을 둘러쓴 초라한 모습
남자 못지않은 억센 손
모처럼 외출할 땐 화장이 들떠
하얗게 얼룩이지고…
남들 다 좋아하는 음식 손사래 치시다
남기면 아깝다며 한 점 겨우 드시던 어머니

모두가 다 싫었다

컴컴한 새벽에 일어나
살며시 나가시는 어머니의 뒷모습을 보면서
나는 모르는 척 눈을 꼭 감고 그냥 있었다

미칠 것만 같았다

그 거친 손 안에서
뽀얗게 자란 우리는

저 잘나 제 갈길 다 떠났다

그렇게 속썩이시던 어머니는
원수도 갚기 전에 훌쩍 떠났다
내 속을 그렇게도 썩이시더니

이젠 내가 그 자리에서
그때 어머니처럼
아이들 속을 썩이고 있다.

연화사

감탕물 같은 넋두리가
어깻죽지로 기어오른 칠월

석탑을 뚫고 나온
길 잃은 햇살 등에 업고
귀 떨어져나간 키 작은 석등은
노을 같은 미소로 가만히
어둠을 기다렸다

머문 자리
화려함은 처음부터 없었을까
한 사람 겨우 오를 하늘과 땅을 허락하고
연화사의 단청 같은 푸른 눈물이
데칼코마니처럼 시리게 박혀 온다

연잎에 말간 풍경소리 구르고
늙은 석탑을 휘감으며 떠나는
동종 삼십리 길

아버지의 여름이 남기고 간
햇볕을 줍는 애끓는 검은 이끼가
서운케도 아름답다.

귀로

줄줄이 엮인 뙈기밭을 가로질러
찰싹 달라붙던 발자국을
가차 없이 싹둑 싹둑 자르며
내달리던 밤

동구 밖 산마루에는
하얗게 질린 그믐달이
빨래처럼 걸려 있었다

마른버짐 번지듯
갈수록 팽팽해지는 그리움
이길 자

돌아가던 날
이엉에 엮인 가슴처럼 더 아프게 하는 것은
봉당 아래 낡은 고무신 옆에서
목 잘린 발자국들이 웅크리고 앉아
주인을 기다리고 있는 것이었다

초췌한 인생

한참을 서성이다가
차마 다가서지 못하고
안개비 속으로 기어들어가
축축한 그믐달로 걸렸다.

알 수 없어요

알 수 없어요
당신의 가슴에
무슨 전설이 묻혀 있는지
아무도 알 수 없어요

아무도 알 수 없어요
앞산에 복사꽃
피었다는 소식 들리더라도
맑게 흐르는 시냇물 위에
연분홍 꽃신 동동 떠올 때
그때나 오라시던 말씀
알 수 없어요

알 수 없어요
간밤 봄비에
복사꽃은 활짝 피었다는데
연분홍 꽃신은 어디에 있는지
아무도 알 수 없어요

아무도 알 수 없어요
침향으로 녹아 흐르는 당신의 숨결이
내 가슴으로 이어져 스민다는 것을
알 수 없어요.

숭림사 바람

텅빈 속 팔다리 삭힌 노송
푸르른 옛 바람 잃어버리고
소슬문 열고 들어가 구름 제치니
말간 하늘이다

아침마다 저를 버리고 사는 숲과
무르익기를 기다리던 가을이
숨차게 산기슭까지 탑을 올리는 날
나는 꼼짝없는 은행나무가 된다

당신의 가슴에 박힌 북두성 같은 나침반을 따라
들국화 길을 낮달처럼 걷다보면
켜켜이 쌓인 은행잎은 합장을 한 채
노란 위액을 쏟아놓고
얄팁도록 고운 빛깔만 흘린다

내 가슴에 젖은 잎은 왜 흐르는가
청천을 어지럽히는 은행잎 가슴에
생의 눈물이 스멀스멀 배어든다

한 깊은 가슴이라도 다 태우진 말아라
속울음 잘라
톱밥으로 떠내려 보내고 나니
속세는 노랗게 산사에 물들고
번뇌의 바람은 산사가 엮어 이슬로 굴린다.

가지꽃

꼬리를 보이던 여름이
막바지 힘을 다하려는 듯
보랏빛 물을 올리던 윤칠월

가지꽃 웃음이 가득 찬 아이가
탯줄이 갓마른 여린 가지를 따
베어 물며 나를 보고 헤 웃었다

막 피려던 연보랏빛 가지꽃도
덩달아 웃었다

지칠 줄 모르고 가지밭을 헤매다
밭두렁에 잠이 든 아이의 입술에는
진한 가지꽃물이 들고

아이가 채 먹지 못하고
땡볕과 함께 떨어뜨려
화석처럼 굳어진 가지에선
박제된 기억만이 기어 나오는
엎어져버린 시간

섬광처럼 찰칵하는 소리에
가지꽃을 입에 문 환한 아이는
사진 속에 마냥 잠들어 있다.

빈집

백열등 아래
잠들지 않은 바람만
집 주변을 맴돌며
서성이는데

우리는 쓸쓸히 집안에 앉아
바깥으로 자꾸만
귀를 기울인다

네가
나직한 목소리로
문을 두드릴 것만 같아

잠시 길을 잃었던 양
지쳐 돌아올 것만 같아

너는
이미 오래 전에
집으로 돌아갔는데….

꽁치구이

확성기에서 쏟아져 나오는
꽁치 아홉 마리를
떨이로 샀다

왕소금에 차곡차곡
채워 놓고
큰놈 두 마리를 구워
저녁상을 본다

입버릇처럼 찾으시던
아버지 꽁치구이

이제는
같이 먹잘 이 없는
넉자 방안 수저 한 벌
잘그락 잘그락

아버지 빈 가슴을
바다로 채우신다.

당신의 의자

여름도 늙어
허리가 굽어가는 날
얘야
다리가 아프다 보니
온 세상이
의자로 보이는구나 하시는
어머니
큰애 너는
아버지 의자였고
참외밭에 깔린 짚은
참외 의자였고
수박에 또아리는
수박의자였는데
진정
당신 의자는
내어주지 못했다면서
노란 호박 속으로
어머니가 들어가 눕는다.

봉숭아

어머니
꽃가마 타고
시집온 여름날에
꽃상여 타고
아버지는
하늘로 이사가셨네
시들해진 주름
누런 낮빛에 내어주고
바람구멍 숭숭 뚫린 당신
장독대에
기대 서 있는
봉숭아되어
열 손가락으로
울고 있는 꽃.

숲으로 간 아이의 아버지

들판 가득 하루를 헤매이다
돌아오는 당신을
겨자씨만한
연둣빛 물로 새로 빚었다

햇살이
자꾸만 초록빛으로
물들여가더니
차츰
말라가는 당신을 보며
까마귀를 깃들였다

당신은 두 손을 모아
매일 하늘에 올랐나보다

몸에 꼭 맞는 옷 한 벌
받아 입고
떠날
관을 키우는데
십년이 걸렸다.

노을

실바람 펜
바늘로
스카프에
꽃무늬
수놓고 있는
아버지의
마지막 걸작품
하늘에
걸어 놓는다.

첫 기일

영정사진 앞에서도
살아 계셨던 당신이
한 순갈 떠낸
제삿밥에
내 두 눈을 박고서야
당신은
숨을 거두셨다

향이
반쯤 꺾일 때
조금 더
있다 갈란다
들리는 환청

희미한 달 그림자
뜰 안에 서성이고
구부정히 서 있는
돌단풍 나무.

꽃편지

냉이꽃이 필 때
너를 보낸 나
올해도 꽃 피는 날
창가에 모여든
봄볕을 따다가
우표 한 장 붙인다

네가 있는 곳으로 가는
바람 우체부
네가 돌아오는 길에
하얗게 냉이꽃 마중가면
눈물 없고
이별 없는
그 봄날을 펼쳐 놓아라.

시작메모

꽃잎 모으기

꽃나무들 웃음소리에 잠에서
깨어나면 밤새 맡고 잔 꽃향기에
고운 말이 나올 듯 공기가 간지럽다
떠나면서 볼 때와 돌아오면서
볼 때가 서로 다르다는 걸 느끼면서
길을 나선다
바다를 보면 어제의 바다가 오늘은
하늘이 되어 있고 오늘의 하늘은 어제의
수평선이었고 구름은 짐승도 되고
짐승은 천사가 된다
소통을 향한 끝없는 몸짓
그들의 소리와 눈빛에서 쏟아지는
언어들을 주워 햇살 일렁이는 바구니에 담는다
그래
좀더 맑아져야겠다.

센토사 야경

진종일 삼은
그리움
알알이 익어
가지 끝에 앉는다

흔들지 마라
흔들지 마라

팔분의 구 박자
탭 댄스로
오고 있는 음표

와르르
무너져 쏟아질라

점점이
흐르는 촘촘한 불빛

센토사* 가슴에
따끈따끈
서로 엮어 달아 놓는다.

* 센토사 : 싱가포르 대형 아쿠아 룸이 있는 작은 섬 이름

바람뜨개질

우주의 한 귀퉁이를 날아가는
은고기 날개로 뜨개질을 한다

숭숭 뚫린 연근 같은 가슴
대바늘이
한 올 한 올 걸어올릴 때마다

털실 속에서 한 아이가 울고
수국이 피고
빨간 금붕어가 죽고
싸락눈이 내릴 때
실타래를 타고 올라와
한 코를 줄이고 가는 너를 만난다

명치끝이 뜨거워져
손을 움직일 수가 없다

대바늘이 오르내리다
납덩이에 걸려
물방울무늬에서 멈춰 있다.

골든샤워꽃

그립다는 것은 빈 의자에 앉는 일
차마
비워 두는 일

봄밤
몰래 따라온 꽃이
목을 길게 늘어뜨리고
사그락사그락 부비는 몸짓들

싱가포르 회교사원에서 만났던
골든샤워* 꽃더미가 몽알몽알
원고지 안에서 피어오른다

멀리 있던 그대 그리움이 돌아와
시가 되고
꿈이 되고
노래가 되고
사랑이 되어
노오랗게 서서 고백을 한다.

* 골든샤워 : 싱가포르에 있는 몸이 오이처럼 길고 기다림의 상징이며 노랗게 피는 꽃 이름

티톱섬의 산란

하롱베이 티톱섬*에 올라
부끄러워하는 섬들을
눈 안으로 옴닥옴닥 들여놓는데
날아가는 갈매기 내 마음을 물고 가
자분자분 바다로 뛰어든다

하늘에 걸어놓은 눈썹달
떨어뜨린 그곳은 눈썹섬이 되고
천사가 날개 떨어뜨린 상의섬
건기에 꼬닥꼬닥 말라붙은 하의섬
자지러지게 웃다 놓친 배꼽섬
다문다문 손가락으로 읽고 가는 손가락섬
키재기하며 따라가는 발가락섬

병풍처럼 둘러싸인 섬 안
부드러운 내 심장 떨어트린 그곳에
시공을 넘나드는 꿈꾸는 섬 하나 짓는다
폭풍에도 부러지지 않는 유연함
칸칸마다 딛고 일어서는 의지
그 섬엔 세월로도 닳지 않는 진주
그대 총총 뜨기를….

* 티톱섬 : 베트남 하롱베이에 있는 3천 개의 섬 중 유일하게 개방된 섬 이름

달 항아리

온
천지를 모두 담는
그릇 하나
하늘
올려다보니
동그란
달 항아리
기울여
흘러나오는
해맑은
달빛을
온 천지에
쏟아내고 있다.

성산포

바람이 타들어가고 있었다
해 뜨고 해 떨어지는 곳
서로의 정박된 긴 세월을
가부좌 틀고 앉았다

피 같은 햇살 끝없이 쏟아지고
빗줄기 사정없이 퍼부어도
고일 새 없이 침몰하는 그리움

바다 옆에서
목마름으로 웅크린 그와 나는
바람만 에이도록 밀어 넣다가
갑자기 굳어버린 가슴팍 같은 바닥에
하루치 신문을 깔고 눕는다

모든 활자 하나로 떠다녔음 하는 내가
잃었다기보다
버렸다기보다는
차라리 당당한 그와 나

그의 가슴을 열고 날아간 가마우지는
천길 물 속의 뜨거운 전설을 말할 수 없어
하루에도 몇 번씩 바다에 담금질을 한다

하늘과 칼날 같은 경계선을 긋고
민둥한 제 살을 깎아낸 후에야
아흔아홉 병정을 거느리게 된 성

오늘도 성산포에는
보석 같은 별빛이 쏟아져 죽느라
환하다.

소래포구

유난히도 몰아치는
소래포구의 바다는 밤마다
제 의지로 사는 꿈을 꾼다

한 자리에서
먼 바다를 돌아오는
운명의 바다

늙어가는 포구 뒷골목 포장마차
막걸리 사발에 손가락 세워
멈춰진 세월을 젓는다

격랑의 소용돌이 속에서
건질 수 없는 기억들이
물고기의 비늘처럼
달빛에 눈을 뜬다

비밀인데
나는 오늘
갯벌 등뒤 검은 창고에서
하얗게 빛나는 바다의 뼈를 보았다.

금진항

금진항에는 바다가 살고
바다는
꼬박 월세를 내고 있다

썰물처럼 사람들 빠져나가고
백사장에 이따금씩
길 잃은 파도소리만 뒹군다

수평선을 안테나로 세워 놓은
금진항 횟집에
종일토록 바다만 상영되는 시청료는
자신의 뱃속에 고이 키운 고기로
내고 있다

하품하던 물새 두 마리 지루한 듯
발가락으로 채널을 돌린다

나도
당신께 공짜로 세들어 살고 있는
가뭇없는 생각이 파도칠 때

멀리
바다 따라 나갔던 한 잔의 소주
수금하러 들어오는 빈 잔을 본다.

호미곶 노을

갈매기 날지 않는
소금기 말라가는 빈 갯벌 가득
붉은 나비
떼지어 나는 저녁

먼지도 안 나게 달려온 뱃길
오늘도 바다는
통째로 가슴을 묻는다

발그레 번져오는 바다에
물든 내 얼굴이
손거울 속에서 연기 없이 타오르고

나그네 같은 바람이
혼자
불꽃놀이를 한다

거울이 일렁일 때마다
재만 남은 바닷속으로
더욱 깊이 박히는 노을

미동도 없이
검푸른 어둠이 바다를 덮을 때
나도 덩달아
가슴에 가슴을 묻는다.

그리움

심장 한줌 오려
술을 빚어
잠든
그대 머리맡에
따라 올리면
향기에 잠이 깨어
그대
내
꿈속으로 꿈속으로….

태양

남쪽 창을
열어 놓으면
햇살로 꽉 찬 그가 웃는다

마음은 한없이
남쪽으로 남쪽으로 젖혀진
심장에선 사계절
따듯한 봄날이다

붉은 꽃은 나의 생명력
그가 없으면
햇빛 속에서도
늘 그늘
눈길 다져진 그 길 위
그가 오고 있다

사계절 따듯한 뜨락에
내 심장이 피어나고 있다.

시작메모

산다는 건 달력에 밑줄긋기

우주를 수천 번 돌아
물 위에 빛이 어리면
물빛인지
바람에 꽃 흔들리면
바람 냄새인지
마음의 독 안에 생쥐 한 마리
내 부른 건지 네가 부른 건지
잿빛 시간 속을 돌아보면
눅눅히 젖어 있음을 알 수 있다
하얀 옥양목에 맑고 보드라운
햇살이 내려앉기를 바라는 마음으로
지나온 나의 시간 위에 징검다리를 놓아주는
지혜를 이제야 조금은 알 것만 같다

올려다본 하늘엔 새털구름 희고 푸릅니다.

치자꽃
–용서

눈물 한 토막 전생에
두고 왔다 치자

티눈 박힌 두 눈을
감출 수 없어
눈물이 되었다고 치자

강가에 살다
그 설움 벅차 올라
바다에 푸른 머리 풀었다 치자

퉁퉁 불은 긴 세월에
씀바귀처럼
쓴 이름으로 살았다 치자

내 눈물에 유통기한을 새긴다면
오늘까지로 정했다 치자

오늘
마지막으로 바다는 속으로만 울고
파도는 겉으로
하얗게 허물을 벗고 웃는다 친다면….

바다

태초
눈물로 시작된 바다는
눈이 시리도록
파란 바다였습니다

눈물 속으로 들어가보면
잇자국 선명한 푸른 수심을
오이꼭지의 쓴맛처럼 뱉어 놓고
엉엉 우는 파도와
밀려난 소라껍데기의 싸~한 가슴에
내 살점을 묻은 바다입니다

지금
이렇게 눈물로 채워진
너른 바다는
가슴 출렁이는 감동의 바다입니다

나이테처럼 감아치는 파도가 명치끝에 걸려
잘 삭힌 간출려*의 눈 속에 닻을 내리고
죽어서도 빛나는 하얀 소금꽃으로
포말 같은 기도를 합니다

이
바다가

내 가슴속에 늘 살아 있는 것은
한 방울의 눈물 속에 다
녹아 젖어드는 바다이기 때문입니다.

*간출려 : 바닷물 안에 있는 작은 바위로 파도가 칠 때 물 속에 잠겼다가 다시 모습을 드러내는 바위 이름

사슬을 풀어내면

숨돌릴 겨를도 없이 두 쪽을 이어붙이더니
마주보며 살란다

더부룩한 속도 삭이기 전
화롯불에 달군 인두 끝으로
맨드라미 입술을 막음질하고
가슴에는 백일홍을 눌러 붙였다

둥글게 놓여
이어질 듯한 안팎의 옆구리도
모란꽃 골무의 횡포 앞에선
하루살이의 일과처럼 허둥댄다

손때 묻은 영혼의 깃에
수놓은 십장생의 꿈은
하얀 실과 바늘 끝에 매달려
아슬하게 춤을 춘다

세상사 뜻이 있겠지
세상사 끝이 있겠지

토닥토닥
뜻이 다르다는 한마디에
쉽사리 가르고 돌아서지 않는

살아온 날 만큼 살아갈 날도
귀밥치기 했으면
바늘이 지나는 자리 참 환하겠지.

파꽃대궁

뿌리에서 피워올린
은초록 기둥
하늘 가까이
소망의 씨앗을 심는
어머니
정갈하게 빗어올린
옥비녀 그 안에
한 자루의 초
질긴 어둠을 밝힌다

파밭을 들어서면
푸른 물기둥 있어
두레박을 내리면
어머니 눈물이 가득
둥근 세상에
매운 눈물 감추는
언제나
깨어 있는 당신이다.

소문의 칼날

까르르르
물수제비를 던지는 재미에
동네 아이들이 다 모였다

납작한 돌을 모로 눕혀
휘익 던지자
파다다닥
백미터 흑인 선수처럼
날쌔게 물 위를 날아간다

그냥 보고만 있을 아이들이 아니지
두 아이
세 아이
다섯 아이 앞을 다투자
저수지는 금새 불꽃처럼
붉게 달아 올랐다

그때
백지장 같던 저수지의 심장이
찢겨 붉게 물들이고
저수지를 감싸주던
멀어져 가는 파동을 보며
눈물짓던 모습이
지금 이 가슴을 가득 메운다.

초록 단상

산은 산 대로 할말이 있다고
강은 강 대로 이유가 있다고
등만 보인 채 물들지 못하는 사이

흰서리 쓴 쑥은 마른 풀더미에서
여전히 돋아나고
초록은 파랗게 선 날에 가슴만 베어
참아온 비명만 살이 붙기 시작했다

꼿꼿한 앉음새로 바늘 꽂고 노려보던 선인장
가시에 매달려 살아가는 눈과 입과 귀는
칼끝에 베인 바람처럼 노랗게 문신을 새기고
온종일 쟁여둔 초록은 침묵을 닮아갔다

절름거리는 상처들로 창고는 북적거리고
눈을 감으면 반창고 같은 어둠만이 맷돌처럼
생명 줄을 돌리고 있다

어둠을 갉아대던 허기가 나를 마중하는 밤
산야에 꼭 맞는 옷 한 벌 박음질하듯
어둠을 문지르고 서 있는 망초꽃이
환한 셔터를 터트렸다

결국 후두둑 떨어지는 나뭇잎 한 지게 지고

힘줄 불거졌던 여름 지나
바튼 숨 쿨럭이며 기침이 터진다

덜 여문 날들 촉을 세운 채
내달리던 초록은 날개를 달아
점령군처럼 산봉우리 치오르고
벚꽃은 백기를 들어
올 봄도 망명자의 옷자락마냥
슬그머니 퇴로를 찾고 있다.

달빛감기

굼벙굼벙
우물우물
그렇게 긴 세월을
잡아먹고 있는
우리집 연못에
메기 한 마리

오늘도
내 심장을
겨누고 있다

악몽 속을 남은 몸이
악몽인 듯
헤엄쳐 간다.

장마

이른 새벽 매미 울음이 찢어지고
별이 쏟아지는 것처럼
몇날 며칠을 그렇게 퍼부어야 한다

메아리 같은 기다림이 아니라
앞산 깊숙한 곳으로 박혀
속을 태우고 또 긁어내는
고추만두 같은 얼얼함이 있어야 한다

수척해져 가는 어머니의 눈물보다
마른 울음으로 다가서는
아버지의 헛기침 같은
짜릿한 눈빛을 지녀야 한다

하늘과 땅으로 이어지는
생명의 물길을 막아버린
자학의 길목

음습한 겨드랑이에서 자라나는
독버섯의 질주처럼 돌진하는
죄명 없는 점령군의 광란

물 없는 바다에서 파도를 타야 하는
청동물고기

장마가
우산 속에 무덤을 만든 뒤로
비가 오지 않는다

세상 다 떠나보낼 비는 제쳐 두고
옷 한 벌 적실 비가 오지 않는다
마른 입술 하나 적실 비가 오지 않는다
뜨거운 마음 하나 질식시켜 버릴 비가 오지 않는다

서로가 서로의 손에 우산을
들려주는 순간
장마는 그쳐버렸던 것이다

같이 맞기를 좋아하는 비는
같이 젖기를 좋아하는 비는
같이 흘러 하나 되기를 좋아하는
비는 그래서 죽었다

뉴스에 흘러나오는
마사이족의 땡볕 가뭄과
노아의 방주 같은 대홍수 앞에
지금도 우산을 쓴 사람들이 구경에 빠져 있다.

거미

반은 접고 봐야
온전한 빛을 볼 수 있는 이른 아침
몸집보다 큰 익모초 단을
버스에서 끌어내리는 쪼그락 손
흰 빛줄기에 매달려
할머니가 좌판을 편다

잃어가는 눈썰미에
좌판을 채일 때도 있지만
어둠을 돌려
30촉 전구로 갈아 끼운다

타이어 바퀴로 감싼 몸을 끌면서 하느님을 팔겠다고 나선 가난과
허리띠만큼이나 긴 가래떡에 목을 맨 천사가
장터국수집 막걸리의 걸죽한 육담에 빠져 있을 때
생선가게에서 훑어버린 내장을 널름 삼켜버리는 늙은 고양이

삐그덕 닭 모가지 비트는 소리
뜨겁게 달아오른 기름에 발목이 잡힌 족발
들들 볶인 강냉이 터지는 아우성 자지러질 때
고등어는 파란 입을 다물지 못한 채
바다를 조여오던 그물을 온몸으로 기억해 내고 있다

배추 잎에서 기어나온 자벌레가 시장의 끝을 재고
시장이 너덜거리는 신문지 조각일 때
구름이 할머니 손을 덥석 물었다가
목에 걸렸는지 금방 뱉어 놓는다

손톱이 다 닳토록 긁어도 시원찮을
할머니 등에 견디어온 세월이
만 가닥의 거미줄을 치고 있다.

역류

참기 힘들어 토해낸 것이
멈출 줄 몰라 또 힘든 속

검푸른 계곡을 따라
온 산을 하얗게 태우고 오르는
비구름 같은 내 생의 편력은
진종일 물과 싸우는
바위에 주름살처럼
용소에 담긴 그림자로 일렁인다

불꽃놀이처럼 터지는 함성으로
별빛을 투망질하는 흰 물결은
던질 때마다 별빛을 가득 담아 올린다

가시를 제 몸에 꽂고 사는
초록물고기의 유영처럼 퍼덕대는
나의 심장 박동소리가
벼랑 위로 끝없이 헤엄을 치는 밤

비스듬히 누운 벼랑이
그나마 나를 일으켜 세운다.

바다와 파도

입덧처럼
바다를 토해내는 파도
포구 하나 분만하려는가
만삭의 몸으로
땅기운을 모으고 있다

파도를 다 마셔도
갈증이 나는 모래밭에
기러기 발톱으로 새겨 놓은
예정 날자는
모래톱 사이로 흩날리고
잔인한 진통으로 밤을 새운다

바다는
참혹을 잉태한 탯줄이라도
무딘 칼날을 세워 끊어야 하는
강심장이 아니고서는
숨을 쉴 수 없는
독기어린 삶이다

리모트 콘트롤을 거머쥔 바다는
여린 가슴으로 찾아온 생명을
담보로 가두고
제 횡포를 다부리는

음모로 꿈틀거린다

바다가 죽기보다 싫어
수도 없이 부서지는 파도는
한 판 가면극으로 너울대며
촉진제를 맞는다.

빗방울 세기

아이 앞에
똑 하고 빗방울이 떨어진다
얼른 눈을 맞춘다
한 방울

그 아이 앞에 또
또독 하고 빗방울이 떨어진다
재빠르게 두 곳을 쳐다본다
두 방울

이번엔 후두둑 하고
제법 재빠르게 떨어진다
용케도 이마로 한 방울을 받아
두 방울을 바라본다
세 방울

이제 본격적으로 비가 내린다
후두둑 후두둑 후두둑
셈을 잃고
멍하니 하늘만 올려다본다

한참을 지나자 아이는
눈을 감고 가슴으로 세기 시작했다
한방울두방울세방울네방울

이천사천오천방울

아이가 눈을 뜨자
비가 그쳤다.

얼음

물 속에서 하나의 물을 보았다
어느 것 하나 무서울 것 없는 물
아주 단단한 물이었다

물 속에서 두 개의 물을 보았다
뼈만 남아 박제가 된 물
싱싱한 물이었다

물 속에서 세 개의 물을 보았다
제 몸을 옹골지게도 가둔 물
빈틈없는 물이었다

물 속에서 네 개의 물을 보았다
파도를 타고 태양으로 뛰어내리는 물
그야말로 자살하는 물이었다

그렇게 물이 다 사라진 뒤
쩍쩍 갈라지는 물결 위에서
물고기의 비늘처럼
비상하는 빛을 보았다.

기다림

톱날의 시간
나의 시간이
죽은 줄만 알았다

먹울음 앓아
단단히 아문 돌
단 한 번을 위해
제 살을 깎아
꽃을 만든다

옹이진 상처조차
향기로운 저만의 무늬

지지 않고 흔들리지 않을
눈물의 꽃
천년을 피어 있을 꽃.

아홉수를 넘기며

칼날 같은 숫자
사십구 앞에
울음 울 수 있는 건
죄다 울어 봅니다

호명된
다홍치마 연두저고리의
젊음 하나가
그중
가장 오래 웁니다

눈감고 깊이 듣는
그 울음소리
옥양목의 가위질 같습니다.

노을지는 강가

염을 해놓은 듯
고요한 강물이 웃고 있다

숨죽이는 꽃이파리
가벼운 순종으로
종이 같은 수면 위에
이별의 도장을 찍는다

살아서는 살 수 없다는
물 속의 세계로 기어이
들어가 살아보고 싶은 그녀

물 속에 사는 것들
몸은 좀체로 드러내지 않고
그녀를 물끄러미
바라보고만 있다

가파른 내 심장의 절벽
살점을 도려내 강물에 놓았더니
이내
강물이 빨갛게 물이 든다.

전생이 궁금하다

바람에도 아파라
소리 없는
이 목숨의 종

파도로
부서져라
아득한 멀미에 감긴
애증의 그림자

넋을 잃고
겁(劫)을 건너는
바람 앞에
꽃잎 떨어지는 신음
혼절에 겹다.

앉은뱅이꽃

기찻길 틈새
소담스레
신이 빚어 놓은
미소

쇠바퀴 소리에 귀청 내리고
어깻죽지 무게로
아침이 버거운 앉은뱅이꽃

상사화 붉은 가슴으로
경전 주워 모아
노랑 입술마다
진리 뿜어낸다

앉은뱅이꽃
철길 틈새에 숨어서도
시원(始原)의 가슴 비원으로 산다네

초록 잎망울 사루어
붉게 피고 싶었으리…

날카로운 찬서리
이마에 얹으며
바라보는 아침 동녘 하늘.

님

풍경소리 잔잔한
향불 따라 스미어
법당에 머물고
법문 산하 불 밝히는
지천이신 님

무심 무상 빌 때
비로자나 연꽃의
고요함 건너
정수리에 손끝 몰아
님에게 달려가다

푸른 칠성별 언저리
녹아 내리는
몸부림 한아름 보듬어
조약돌 숨소리
들으며 웃다

발자국 따라
허리 굽히면
미소 띠는 구름 타고
내려보고 계오신 님들.

시작메모

날개 달린 카메라

연필로 시(詩)라는 글자를
써 놓았더니
그 시는 감은 눈을 뜨고
온 천지를 날아다니며
그곳의 시들에게 말을 걸기 시작했다

밤의 풍경
낮의 풍경
고요의 파도
세월의 파도
마음의 노래
하늘의 노래
이런 시(詩)편들을….

한 잔의 시(詩)

복사꽃 등불로
밝힌
툇마루에 앉아
그대 한 잔
나도 한 잔
잔 속에
꽃잎 띄우는 밤
가슴 우려낸
그대 시 한 수
안주로 곁들이니
시 세계가 보인다.

4월

수다도 떨지 않고
꽃 먼저 피워내던
살구꽃이 흩어진다

아직 심장이 뛰고 있을 것만 같은
꽃잎들이
비에 젖는다

4월
몸속의 사금파리
통증의 원인은 거기 있었다

친정 왔다 돌아가는
눈물 많은 누이같이

아픈 아이를 끝내 놓친
젊은 여자의 흐느낌 같이

세상이 우리에게 남기는 흔적보다
우리가 세상에 남기는 흠집이 이렇듯 선명하고 어지럽다

머츰한 봄 하늘의
미아보호소는 만원이다.

별밥

언제인가 그밤엔
달은 높이도 매달려 있고
오래 몸살을 앓던 엄마
짜임 굵은 스웨터 찬바람 냄새에
달빛이 묻어 나왔던 것도 같다

새벽바람에게 불려나가듯
바가지로 물을 떠서 항아리에 담을 때
별은 달아나지도 않았다

첨벙첨벙 엄마가 인
동이 안에서 물장구 한창이다가
살구나무쯤 와서는 하늘로 올라갔다

줄거리 희미한 기억에도
엄마가 해놓은 아침밥엔
하얀 별은 없고 드문드문
노란 옥수수 별가루만 섞여 있었다.

갈대

사각사각
생각의 솔기에
바람 총총

시린 가슴 떨려와
뼛속 깊이 감추면
활처럼 휘어져도
하얀 웃음

자분자분
햇살 박힌 강가
선한 눈매로
못다 쓴
엽서 한 장
목이 길어 흔들린다.

시를 짜야지

베를 짜야지
한 올 한 올 결을 풀어
베틀에 올려야지

삼베 모시엔 미움
명주 무명실엔 사랑
베틀에 걸어
우리 어버이 얼을 수놓아
베를 짜야지

가슴에 앙금을 걸러내고
보석 언어 뽑아내
씨줄 날줄로 결을 엮어
찬란한 광택
저승까지 빛나도록.

억새

산 아래 길을 잃고 앓아 눕는다
지쳐 누운 언저리 헝클어진 머리칼 들락이며
빗질하는 저 노인.

봉정암 오르는 길

줄지은 잎사귀마다
저문 마음 두 손 모아
무거워진 가지 끝이
가슴을 쓸어도
숨 고르며 오르는 길
경전을 읽던 까마귀
까악까악
한 줄 숨어 기우는
깔닥고개
기울기울 귀 떨어지는 하늘가
그 산 너머에
어느 님인가
솔향으로 나를 부르네.

산수유

발가락 끝이 아리다

오랜 어둠의 결박을 풀고
걸어 나오느라
물집이 잡힌 걸까
담장 휘어진 가지마다
횃불 밝혀
곪은 기억들을 삼키며
아무렇지 않은 듯
수그리고 있다가
타오르는 노오란 자유
그 황홀함 속으로 발이
미끄러져 들어가
연초록 물이 닿으니
살아 있었다는 듯
아픔이 일어선다.

참단풍

온통
빨가면 단풍이 아니지
노랗다면 몰라도
쉽게 늙어버린 다방마담의 빨간 입술은
분노였다

온통
노랗다면 단풍이 아니지
파랗다면 몰라도
천길 낭떠러지기로 추락하는 노란 변명은
빈혈이었다

온통 파랗다면 단풍이 아니지
초록이라면 몰라도
분노와 빈혈을 피워야 하는 파란 잎 또한
두려움이었다

푸른 달빛에
초록빛 힘줄을 문신처럼 새기고
깨끗이 지는 잎이
참단풍이지.

저 달 속에

부른 적 없었는데
서둘러 얼굴 내민
초저녁 달

오래오래 머물러
바라봐 준 그 이름
이젠 가고 없는데

한 켠 마음에
살며시 꽂아 두고
향기 바래지 않도록

조금씩만 꺼내
밤마다
너를 바라볼 일만 남았다.

향일암

고해의 등짐
법당
댓돌 앞에
내려놓고
구두는 벗지 않았습니다

근엄한 위엄의 빛
깨달음 깊은 한낮
상구보리* 마음 정갈하게 빗었을 뿐
날선 바위 위에
벗어 놓으면 학이 되어
날아갈까 봐

그대가 내게 신겨준
구두는 벗지 않았습니다.

* 상구보리 : 깨달음을 얻기 위해 지혜를 구하고 닦는 일

물챙이 여울

TV에서
팔당 상수원을
1급수로 끌어올리겠단다
스쳐가는 조상님의 지혜
여울에도 물챙이*
방죽에도 물챙이
수질오염 방지의
전통적 지혜
막대기에 쓰레기는 걸리고
물만 스며 흐르는
지혜를 본받으라면서
까르르 깔깔
노랑할미새가 낮게 우짖고
물총새가 수면을 스치는 팔당 상수원의 푸른 반올림.

* 물챙이 : 막대기를 촘촘히 엮어 흐르는 물을 가로막아 쓰레기나 오염물질을 걸러내고 깨끗한 물만 흐르게 하는 도구 이름

수양리

때늦은
가을꽃이 어깨를 부비는
순수가 가득 고인 밭

찹쌀풀 끈적이는 정
고루 다독여 볕에 널면
깻잎 튀김처럼
바삭바삭
고소한 입담이
대바구니 가득 시렁에 오른다

더운 날
두레박 올린 물에
보리밥 한술
꾹꾹 말아 넘기면
땀 쑥 빠진다던 어머니

오늘 나도 그 보리밥
꼭꼭 씹을수록
고향 냄새가 구수하다.

감또개

풀밭에
하얗게
쏟아진 감꽃
목걸이 만들면
환하게 꽃피던 가슴

감또개도
실에 꿰어
목걸이 만들면
가슴에 꿈이 가득

마음속
감나무엔
감은 없고
쉼 없이 익어가는
태양만
휘늘어져 있다.

수양리의 봄

올해도
찾아온
산골 마을에
수놓는 꽃무늬
수다로
마을이
들썩인다
해와 달 사이
보이는
아버지도
매화주
한 잔에
취기 오르셨다.

강물이 들어와 살기도 했다

오지 않는 잠을 따라 가다가
분원 강가에 앉는다

강물은 마을을 수놓은
솜이불을 끌어 덮고
혼곤한 잠에 빠져 있다

강물이나 바라보던 마을은
뒤척이는 강물의 이불이 되고
베개가 되어준 이 밤

그 속에는
등굽은 아낙 호밋날에 돌 부딛는 소리 새끼염소
엄마 기다리는 울음소리 졸린 눈 비비며 마을 지키는
가로등 싸리문 미는 소리 마실 다녀오는 강물이
고무신 속으로 들어앉는다

길들일 수 없었던 강이
순한 아이되어 잠들어 있다.

시작메모

38, 그 가을의 일기

여름이
포도알처럼 많은 열매를 달고
골목을 빠져나갔다
완전함보다 불완전함이
기쁨보다 슬픔이 조금은 모자란 듯함이
나를 이끌어 왔음을 안다
산 굽이굽이 돌아
온몸을 수없이 휘어가며 산등성이에
올라섰을 때 어둠의 밑둥은 잘린다
매운 기억을 보듬어 주는 무형의 결합
내가 살아 있음의 전부이고
아직도 사는 일이 서툴지만
궁글리면 진주될까 비행기 접어
우주 저편으로 날린다.

훈이와 유정

소망 하나 오롯이
돌탑 위에 올려놓고
속엣것 다 비워서
향을 피우고
마음속 합장하며
세상을
환하게 밝혀줄 때
둥근 해
빙그레 웃으며
뭉게구름 등을 민다.

거울

그대 앞에 서야
볼 수 있는 그대와

그대 앞에서만
볼 수 있는 그대가
스펀지처럼 서 있습니다

그대 안에만
있고 싶은 그대와

그대 안에만
두고 싶은 그대가
눈길을 맞춥니다

서로를 비추지 않고서는
그림자 하나 살 수 없는 절벽

그대는 기다림으로
그대는 그리움으로
서로를 그대에게서 찾습니다.

청포도 사랑

보석처럼 빛나는
그런 청포도를 먹어보았는가

허연 분가루로 범벅이 된 칙칙한
그런 빨건 포도 말고

따가운 햇살과 천둥 번개에
뒹굴어 여문 몸을
가장 투명하게 속까지 내어주는
그런 청포도를 먹어보았는가

쭉하고 툭 뱉어버린
시커먼 포도껍질을
추억이라 간직하며 늙어버린
그런 검버섯 같은 먹포도 말고

하늘빛 눈물을 베어문 것처럼
입을 열 수 없어
눈으로 녹여 들여야 하는
눈물 같은 청포도를 먹어보았나요.

석모도

퍼드덕
갈매기 날아오르면
뱃길 따라
단번에
심장이 뛴다

하늘가에
붓을 놓아두면
에덴의 언덕에
시심을 퉁기며
구름도
붓끝에서 노닐고

바닷물 손 안에
별빛도
숨죽이며 잉태하는
씨앗 한 줄 심는다.

사모곡

제일 건조한 눈에
가장 부드러운 눈물을 흐르게 하는
사랑스런 당신을 무어라 부를까요

가장 사랑스런 마음으로
가장 부드러운 음성으로
가장 아름다운 몸짓으로
다가서고만 싶은 사랑스런 당신을

제일 빛나는 별빛으로
제일 시원한 빗줄기로
제일 따뜻한 햇볕으로
가장 뜨겁게 부르고 싶은 사랑스런 당신을

먼지 풀풀 날리는 메마른 언덕에
꽃을 피워 향기 날게 하는
아름다운 당신을 무어라 부를까요.

보탑사
-그리움

금강송 사이로
고개든 솟대
기다림은
달빛에 젖어
이른 새벽
법당 안
새소리에 물들다
녹아내린
한 방울 이슬이 된 나
또다시
연잎 위를 구른다.

눈 속에 핀 꽃

그리움이 깊어
다래끼로 피어난
눈(目) 속에 꽃조차도
볼 수 없는 눈먼 눈이
침침하다

생살 도려내고도
모자라
그 진물로
서로를 엉겨 붙이고
외눈으로 걷는데

그리움 도려낸 걸까
딛는 발밑이 또다시 깊다.

2010 봄

동굴을 걸어 나온다
궤도를 이탈한 적 없는
어디서 본 듯한 여자
낯익은 풍경을 지나는 동안
쓴 입맛이다

동글 납작한 창백한 얼굴
정중한 인사도 없는
동굴의 주인이 바뀐다

불면을 넣은 그녀 가방 속엔
밤새 시로 뜯긴 손톱이
절망을 넘어선
씨앗으로 부풀고 있다

잃어버린 봄날 한때
기억을 더듬던 그녀
알싸하게 피가 도는
손톱 밑이 아리다

그래
그 언덕 위에서
우리 그렇게 헤어졌었지.

오늘밤에는

오늘밤에는
달이 되고
별이 되고 싶다

그리고
그대와 같이 도란도란
이야기하고 싶다

내일 밤에는
달빛이고
별빛이고 싶다

그리고
그대와 같이
눈웃음 반짝이고 싶다

그대는 달
나는 그림자
그대는 별
나는 별바라기로
밤하늘을 영원히 비추고 싶다.

눈먼 눈

한없이
솟구쳐 올라도
한순간
허공 어디쯤에서
꺾일 수밖에 없는
허무의 반복
허공은 불안한 노래임을

물방울의 투명한 연주는 길게
솟구쳐라 비상하라
태엽을 감아도
닿지 못할
먼먼 분수의 노래임을.

천상 여인

울음보다 눈물이 먼저 고이는 새가 있다
눈물로 우는 새는
울음으로 눈물을 흘리지 않는다

참 샘 같은 눈물로
울음을 위로하는 새

눈물바다에 시린 가슴을 태워
흐느낌으로 노를 젓는 새

눈감으면 몸에 꼭 맞는
이 낮고 고요한 새

이런 새
이런 새
이런 새

전생에 인연인가
나를 닮은 그 새.

천구십오일의 약속

죽어야만 삶을 느낄 수 있고
살아서는 죽음이 가장 아름다운
아이들이 있습니다

두 개의 죽음 곁에다
세 잔의 술과 맑은 물 한 잔을 올리며
뜨거운 눈물을
새파랗게 새파랗게 말렸습니다

천 날 구십 날 다섯 날만
죽음이 곧 삶인 이곳에서
한껏 죽어보자고
손가락 걸고 도장도 찍었습니다

죽음을 안 사랑하는 아이들은
이미 둘이 아닌 하나의 가슴을 내어
초승달 날선 눈썹에 아주 깊이 베였습니다

그대로 그래도 그래도
아니면 아니면
아니라면

쉿!
서로의 입술에 손가락을 얹고
서로의 눈 속으로 빠졌습니다.

보탑사

빗장 걸어둔
꽃문이 열리면
밀고 들어오는
구절초 향기
세상이
하얗게
옷을 갈아 입는다

향긋한 바람은
무늬 고운
나비가 되어
지천으로 날아오른다.

애인

아침에 이쁘고
저녁에 또 이쁜 꽃

떨어질라
가슴 졸이는 꽃

두고 두고
키워가는 꽃.

정한수

비가
쏟아지자
연잎들
일제히 일어나
제 몸을
큰잔 만들어
정한수로 받아 든다
받아 든
맑은물을
사그락 사그락
합장 배례하듯
어두운 세상 쪽으로
연신 부어준다
말없는 말의 향기로
용서의 눈빛 전해지고
나도
아름다운 연꽃이기보다는
연잎이길 꿈꾼다.

38, 그 가을의 일기

나뭇가지 사이로 달빛이 쏟아진다. 가을 더위에 지친 듯한 보름달 얼굴에 38년의 세월이 파노라마처럼 스쳐간다. TV를 끄고 자리에 누워 내일을 준비하는 시간, 서른여덟의 나이는 긴 숨 몰아쉬는 설움으로 내 곁에 와 있었다.

창문을 반쯤 열어 두었더니 밤나무 가지에서 쉬고 있던 한 무리의 넝쿨바람이 창문 틈새로 뛰어들어 내 귀에 가을을 알린다. 안개를 머금고 쓸쓸한 미소를 지어보이니 코스모스의 귓불을 스치고 온 모양이다.

피곤한 듯 잠들어 있는 남편을 본다. 남편의 모습에선 삶이 가져다준 지침이 확연하다. 내 나이 38의 숫자를 그 얼굴에서 다시 본다. 그런 남편 옆에 실오라기 가을 바람에도 휘청거려 쓰러질 듯한 맞벌이 내 모습이 있다.

어스름이 뒷모습을 보이면 아침은 강바람을 잡고 일어나 가난한 이들을 밝혀주는 희망의 시간으로 돌아와 풍성한 가을을 한 다발 풀어 놓는다.

강 안개에 하루를 씻어 올리며 꽃가지를 스치고 희망으로 다가온 오늘 아침, 공교롭게도 부드럽고 향기로운 바람결 앞으로 화장기 없이 까슬까슬한 얼굴에 일에 닳아 거칠고 투박한 아낙네의 모습이 묘한 여운으로 차창을 지나간다.

머리에 광주리를 이고 한 손에는 주전자를 들고 바삐 걸어가는 모습 뒤로 그 옛날 외할머니의 따스함이 내 눈시울을 뜨겁게 하고 만다. 세파에 시달려 핏빛 없는 얼굴에다 이마에 잔주름 도랑을 만들어 내고 희미한 미소로 나를 반기시던 외할머니.

어느새 나는 내 나이 돌이켜 삶의 깊은 상념 속에서 내 생각을 던져본다.

포장과 비포장, 산과 들, 샛강을 굽이굽이 흘러든 통근버스는 남한강 지류에서 내 생각을 멈추게 한다. 차창 옆 물속에 산이 있고 구름이 있고 송사리 한 떼가 노니는가 싶더니, 어느 새 한 마리, 구름 속에서 산 속으로 재빠르게 유영을 시작한다.

그리고 그는 입 속에 분홍색 싸리꽃 하나 물고 내게로 온다. 그러더니 가방 속에 살짝 들어와서 립스틱 통에 분홍색을 가득 채워 넣는다. 퇴근길에도 그 다음날에도 나는 통나무 다리 옆을 건널 때면 나의 입술엔 분홍색 꽃잎 하나가 달린 것만 같다.

왠지 오늘 퇴근하는 시간이 되면 나는 산과 들의 세상으로 마음을 열어놓고 바람과 들꽃으로 내 마음 걸어 닫으며 나의 옷자락에는 싸리꽃, 칡꽃 향기가 치렁치렁 매달려 따라올 것만 같다.

출근부에 도장을 찍고, 준비하기 전에 삼삼오오 모여서 향이 담긴 커피 한 잔을 사이에 두고 아침을 이야기한다. 걸쭉하게 토해내는 뚱뚱아줌마, 간밤에 사랑을 리얼하게 쏟아내는 새침아줌마, 결혼문제 고민하는 미스 박, 우리는 다시 뭉친 여권 보호자가 된다.

그때 전화벨 소리가 울리기라도 하면 온 천지에 커피향을 뿌려대며 온 작업장은 활기에 넘친다. 건드리기만 해도 산산히 흩어지고마는 향내, 그 향 속에서 모습 모습 아픔이 있는 우리는 또 하나의 하루를 시작한다.

점심시간이든, 좀 한가한 시간이 오면 동료와 함께 뒷산을 산책하기도 한다. 어느 때던가 소복하게 피어 있는 바위채송화를 만났었다. 붉은 줄기 끝에 몽알몽알 피어 있는 노란꽃, 하필이면 바위틈에 씨를 숨기고 자라서 만개하는 꽃을 보았을 때 잠시 동안 내 정신을 빼앗아 놓아주질 않았었다. 바위채송화와의 만남은 내 마음을 뒤로 향해 달려가게 했었다.

가정을 밝게 밝히고 있는 전등이 되고 싶었는데, 나의 미소는 얼굴에 피어 있는 꽃이 되고 싶었는데…. 행복 덩굴로 터질 듯한 기쁨을 하나 둘 매달아 묶고 여기저기에서 행복 꽃망울 터지는 소리에 취기마저 느끼고 싶었는데….

지금은 모자람이란 생각 끝에 두 어깨가 쳐지는 것을, 바위 끝을 부여잡고 한줌 생명을 이어가는 너와 나의 삶의 모순이 어쩌면 씨받이의 한 세월이었음을 부인할 수 없는데, 이렇게 만남은 눈물 많은 내 가슴에 홍수를 이루고 나서야 끝이 난 기억이 있다.

퇴근 무렵이 되면서 지나간 삶의 흔적들을 되씹어 본다. 남편과의 정서의 차이, 성격 차이, 그나마 큰 탈 없이 잘 커주는 두 아이의 모습에서 모든 것을 묻을 수 있었고, 어느 날 내 삶의 영양제가 될 것이라고 합리화시켜 보기도 하고, 아직은 더딘 세월에 삶이 힘들지라도 마음 한 세상에 자리하고 있는 태양이 있기에 그냥 이대로 살고 있는 거라고 나에게 질책도 해보았다.

지금의 서른여덟이 물 위에 그리는 그림과 같을지라도, 쌓아도 쌓아도 빈터만 보일지라도 맘살을 앓지 않으려 미소지을 줄 아는 오늘을 사랑하기로 했었다. 훗날 봄풀 사이에서 따사라온 햇볕을 쬐이고 있을 그날을 기다리며 지금의 삶에 불행이란 감투를 올리지 않으려 생각하니 나는 어느새 하늘 저쪽 햇살을 닮아 마음이 맑게 개이고 있었다.

높은 곳에 있는 구름이 되어도 보고, 맑은 하늘 닮은 내 모습을 할 수도 있었지만 가끔씩 예보에는 없는 황사바람으로 이리저리 내 마음 흔들릴 때 나는 견디지 못하고 직장에서 조퇴를 하고 말았을 때도 있었다.

온갖 꽃들이, 풀들이 널려 있는 대지를 향해 내 마음 내려 놓았다. 어느 날 심장을 잃고 빌려온 영혼으로 살게 될 때 강물이 되어 바람이 쉬어 숨쉬기가 편해지도록 할 것이다.

이런 날은 차갑게 내리는 비도 뜨겁게 터지는 나의 눈물 앞에서는 바람을 싣고 조심스레 지나가 주었다.

해가 지면 살며시 눈을 감고 잠을 청하려는 나팔꽃잎만큼은 내 마음을 읽어주는 듯싶기도 하고… 작은 돌부리에 걸려서도 휘청거리는 내 모습일 때 나뭇잎이 살짝만 웃어줘도 위로가 될 수 있었고, 등뒤를 살짝 기대는 바람을 느끼면서 아픔을 아픔이라 여기지 않으려 했고, 슬픔은 슬픔대로 또 하나의 희망이 되어서 살아가야겠다고 마음을 다지고 나면 두 아이의 얼굴이 내 눈에 시리도록 박혀 있었다.

어느 날 가을비가 내 마음 시리도록 내리는 퇴근길, 퇴근 차를 거부하고 그냥 걷기로 했다. 빗속에서 온몸의 열기를 빼앗겼다 해도 가슴이 시원해서 살 것만 같았고, 걷다가 걷다가 언제나 서 있는 곳은 숲속 길을 지난 조용한 찻집이었다.

눈물처럼 줄어지는 빗방울을 느끼면서 하늘을 올려다보았다. 내 온몸이 젖은 걸로 보아 진작부터 비는 내리고 있었나 보다. 사람이 사는 모습보다 더 아름다운 그림은 없고, 열심히 살아가는 사람에게는 향기가 있을 거라 생각해 본다.

두터운 여러 겹 속에서 봄을 기다리는 목련의 꽃망울처럼 꽃을 피우자면 우리도 좀 더 기다려야 하지만 그런 기다림에 세월 속에 내 삶은 중년이었음을 느끼게 한 날이었다.

가장 고된 날을 기억해 두었다가 그림 속으로 들어가서 나오는 길을 잃어보는 것도 넉넉한 마음이 생겨나지 않을까?

조용하고 힘은 없지만 투명한 시간들이 내 삶의 모습을 동그랗게 조금씩 빚어 오므릴 때 석양을 밀어내며 은은하게 덮여오는 푸른 어둠 사이로 퇴근하는 그 길엔 아무도 닿을 수 없도록 마음이 활짝 열린다.

넓은 하늘이 사각 창문 속으로 들어오려 할 때 내 마음 하늘 끝으로 가 닿아서 하늘자락 살며시 엿보고 생각의 열쇠로 문을 열었다.

3학년 7반 미술시간 아이들은 하늘에 색칠을 하고, 물감을 쏟아놓은 하늘엔 노을이 피고, 저녁노을은 그래서 그렇게 아름다운 걸작이 되었구나 하는 생각 속에 빠져나오려 할 때 밖을 내다보니 온갖 빛깔들이 어둠 속에 꼭꼭 갇혀 있었다.

"OOO씨 내리세요." 어느새 집앞으로 걸어가는 내 모습이 보인다. 하루가 가장자리로 밀려갈 때쯤 강이 보이는 언덕에 종소리가 나지막이 들려오면, 담이 없는 내 집 울타리엔 코스모스며 과꽃이 밤을 준비하다 나를 맞는다.

아랫마을 강가에선 물안개가 망토자락을 끌고 산으로 올라가고, 안개를 맞이한 산에서는 하루의 시름을 몽땅 짊어진 검은 계곡이 하늘로 하늘로 밤을 맞으러 오른다.

준비된 화분 없이, 어느 날 먹다버린 아이스크림 통에 두 아이를 심어놓았다는 생각이 든다. 아빠의 모습에선 기대할 수도 없는 예쁜 화분들, 그런 저런 생각들 창틈에 몸을 맡기고 나면 수액처럼 흐른 눈물 어둠 속으로 빨려들어가기도 한다.

그래도 물 주기를 게을리 하지 않겠노라고, 푸른 줄기 탈색되지 않게 해주겠노라고, 바르게 곧게 자라서 너희들 뜻대로 꽃을 피워보라고 오늘도 난 심한 맘살을 앓고 만다. 맘살이 밤 끝까지 따라와 울먹이게 하는 슬픔을 영영 두 아이에게 내보일 수 없는 엄마이기에 오늘밤 저 달이 나를 닮아 힘없어 보이는 거라고….

육체의 지침은 아내와 엄마의 모습에선 용서가 없다. 저녁상에 아이들의 숙제, 준비물이 끝나고 나서야 마음 안의 문을 잠그고 누워 눈을 감아본다.

천근 육체의 무거움에서 내 영혼이 빠져나와 거리를 헤매이며 좀체로 돌아오려 하지 않는다. 맨발로 오열하는 내 이름 석 자 앞에 앙상한 겨울나무의 서글픔만 내 영혼의 그림자로 자리를 잡는다.

"겨울나무에서 절망을 보지 말고 곧 다가올 봄을 생각하는 눈을 갖고 싶다"는 어느 시인의 '바다색 희망'이라는 싯귀가 스쳐간다.

그 먼 날 신이 주신 끄나풀 속에 남편을 용서하고, 그래서 48, 58이라는 숫자가 내 얼굴에 그려질 때, 마당에는 등나무넝쿨 올리고, 그늘 아래는 통나무 몇 개를 질서 없이 세워놓아 자유를 만들어 보고, 이 같은 가을날엔 벤치에 기대어 앉아 예쁜 강아지 한 품에 안고 따뜻한 커피향을 느끼리라.

훌쩍 커버린 아이들을 올려다보며 내 사랑하는 가족들을 위해 오렌지색 털실로 뜨개질을 해야만 하겠지…. 또 코스모스를 기다리는 소녀의 모습으로 돌아가보기도 하고….

내 마음의 강으로 희망의 새암이 스며들고, 이런저런 생각에 밤이 저녁에서 많이 멀어지고나니 밤안개 사이로 희뿌예진 달님의 미소가 비친다.

서른여덟의 귀 하나 눈 하나 더 뚫어, 한 줄기 삶 속에 소박한 나를 또 다른 모습으로 키워 먼 훗날 오늘을 돌아볼 때 내 이름 석 자 그 가을에도 나는 있었노라고 그래서 38, 가을엔 사랑하는 내 가족, 아니 안개마을 모두를 더 많이 사랑할 것이라고….

사랑하는 아들아, 딸아. 너희에게 희망의 문이 있노라. 삶의 부침이 오늘의 설움으로 있다한들, 내일의 바다색 희망은 잊지 말자. 두 아이의 잠든 모습에서 또 한 번의 홍수가 가슴 깊은 곳을 적시어내고 만다.

98. 9. 18
박 수 희

이제 우리는

우리는
천년 전쯤
마주 서 있는 은행나무
작은 잎으로 가슴을 간지르며
푸른 웃음짓던

우리는
눈 붉은 열목어
그리움을 차가운 숲속
계곡 물에 식히며
온종일 부르고 찾던

우리는
밤바다를 베고 잠들던
가마우지
잠들기 전 서로의 깃털을
부리로 골라주며 물결 같은
노래 불러주던

우리 이제 바람도 되고
햇살도 되어 애태우며 사는
모든 것들을 위해 그들의
가슴속에 깃들기도 하고
사랑을 빌어주기도 하는

그렇게
천년을 살기로 해요.

가슴으로 나 있는 길

초판 1쇄 인쇄 | 2010년 9월 14일
초판 1쇄 발행 | 2010년 9월 18일

지은이 | 박 수 희
발행인 | 윤 영 희
편집인 | 김 길 형

발행처 | 도서출판 동행
출판등록 | 제2-4991호
주 소 | 서울시 중구 을지로 3가 302-18 난빌딩 303호
전 화 | 02-338-2734, 2285-0711
팩 스 | 02-338-2722

정가 8,000원

ISBN 978-89-94227-13-9 03810